Spachteltechnik

Ein Auszug aus dem Buch „Aufladung – Entladung"
von Gabriele Musebrink

ars momentum.

Der Übergang | Blau
Marmormehlstruktur, Pigmente in Mohnöl + Wachs
auf LW
100 x 100 cm | 2010

2011 ars momentum Kunstverlag GmbH, Witten
ISBN 978-3-938-68-6

Umschlagmotiv: Gabriele Musebrink
Gestaltung und Layout: Britta Baumann, Dortmund
Bildreproduktionen: Diethelm Wulfert

Druck und buchbinderische Verarbeitung :
B.o.s.s Druck und Medien GmbH, Goch

Printed in Germany

Inhaltsverzeichnis

„Ideen kommen, Spuren bleiben, um wieder zu verwehen.
Das einzig Beständige in unserem Dasein ist der Wandel.
Wenn man sich das vor Augen führt, ist jeder
Augenblick der Ausdruck einer Umformung.
Alle Gegenwart wird eingeschmolzen auf einen Punkt.
Was stirbt, das wird."

Gabriele Musebrink

Bildergalerie

Der Übergang | Reihe Himalaya
Baumaterial- und Marmormehlstruktur, Sande und Pigmente in Kasein + Wachs auf LW
100 x 100 cm | 2011

Farbe vor Schwarz | Reihe Himalaya
Marmormehlstruktur, Pigmente in Mohnöl + Kasein + Acrylemulsion auf LW
100 x 100 cm | 2011

o.T. | Reihe Himalaya
Marmormehlstruktur, Pigmente in Mohnöl + Wachs
auf LW
100 x 80 cm | 2010

o.T. | Reihe Himalaya
Baumaterial- und Marmormehlstruktur, Sande und Pigmente in Kasein + Wachs + Leinölfirnis auf LW
100 x 80 cm | 2010

Hommage an die Lieblinge | Reihe Himalaya
Marmormehl, Warmleim, hochpigmentierte Tuschen, Graphit, Wachs auf Papier
33 x 37 cm | 2010

Einführung

„Das Material macht nicht, was es soll. Und genau das ist das Spannende, das ist Leben pur."

Sie bekommen hier einen Einblick, liebe Leser, in mein Buch „Aufladung – Entladung. Eine Einladung in die Kunstwelten der Gabriele Musebrink". Es ist ein Buch über Kreativität und Schöpfungskraft, eine Einladung an alle, die sich ausprobieren und über das wechselreiche Spiel des Arbeitens mit Spachtelmassen umfangreiche Kenntnisse erfahren möchten. Es ist zugleich ein Buch über den Einsatz von Pigmenten, den verschiedenen Bindern sowie Lösungsmitteln.

Für die Publikation, die Sie jetzt in Ihren Händen halten, habe ich die Basics herausgesucht, mit deren Hilfe Sie die verschiedensten Spachtelmassen kennenlernen, selbst herstellen und sich darin ausdrücken können. Es ist ein Einblick in eine Welt der Haptik und der organischen Bildoberflächen.

Wenn Sie tiefer in die Welt der Spachtelmassen einsteigen möchten, so empfehle ich Ihnen die Lektüre des 156-seitigen Originalbandes (nähere Beschreibung siehe S. 64), oder Sie lassen sich einmal von einer meiner DVDs inspirieren.

Ihre Gabriele Musebrink

Abschied | Kleine Fresko-Reihe
Freskosumpfkalk, Pigmente in Mohnöl auf Bauplatte
12,5 x 12,5 cm | 2008

Grundsätzliches zu Spachtelmassen

Historisches und Praktisches

Der Umgang mit Spachtelmassen ist ein geradezu sinnliches Vergnügen. Er schafft eine Bandbreite spannender Strukturflächen. Keine Malschule dirigiert mehr in eine bestimmte Richtung. Innewohnende Empfindungen suchen sich ihre eigene materialästhetische Gestaltungsform – nicht nur bei mir. Eine Suche begann. Bereits die Maler des 19. Jahrhunderts versuchten, mit plastischen Baumaterialien Strukturoberflächen zu erzeugen. Allerdings standen ihnen lediglich Kalkmaterialien zur Verfügung, die nur unzureichend auf den Untergründen haften blieben.

Neue Anwendungsmöglichkeiten eröffneten sich dann mit dem Dispersionsbinder, der den heutigen Spachtelmassen zu Grunde liegt und – wie ich später erwähnen werde – auch „alte" Baumaterialien wieder interessant macht. Ein weiterer Vertreter dieses prozesshaften Arbeitens war Emil Schumacher. Durch seine Bereitschaft, sich selbst immer wieder in Frage zu stellen und Experimente einzugehen, konnte er bis ins hohe Alter Bilder von zunehmender Dichte und mit vom Zeitgeist unabhängiger Gültigkeit erschaffen: „Alles, was ist, hat die ihm gemäße Form oder ist bestrebt, Form anzunehmen: die Inselbildungen nach der Überschwemmung, die Schneereste nach der Schmelze, die Schlacke nach dem Brand. Die Form, die das Leben zur Voraussetzung hat – die Form, die das Leben enthält – ist 'formlos' und doch Form." (Emil-Schumacher, zit. aus: Joachim Büchner, S. 2).

Heute hat sich die Situation für das Bedürfnis nach Gestaltung plastischer Oberflächen grundlegend verändert: Der Wissbegierige steht vor Regalen mit reichhaltigem Sortiment und ist zumeist ratlos, wie und womit er seinem Bedürfnis nach einer lebendigen Oberflächenstruktur praktisch Ausdruck verleihen kann. Exakt solch eine Erfahrung, nämlich dass jemand ratlos vor dem Regal im Künstlereinkauf stand, führte dazu, dass ich mich anbot, aus meinem Spektrum der praktischen Erfahrung heraus zu erzählen und Menschen die Spielarten des Materials näher zu bringen. Letztlich ist daraus der Impuls zu diesem Buch entstanden.

Um dieses „Spiel" mit den Spachtelmassen beginnen zu können, ist es nützlich zu wissen, woraus dieses Material hauptsächlich besteht, nämlich aus Dispersionsbinder (auch Acrylbinder oder Kunstharzdispersion genannt) und Füllstoffen wie Sande oder Marmormehl. Der Dispersionsbinder ergibt Spachtelmassen, die sich hervorragend für die Tafelbildmalerei und Arbeiten auf der Wand eignen.
Daneben bieten die modernen Baumaterialien noch eine Fülle weiterer Möglichkeiten, den Bilduntergrund haftend zu machen, etwa mit Hilfe moderner Bau- und Fliesenkleber oder Haft- und Gipsputzen. Dem Experimentieren sind da keine technischen Grenzen gesetzt. Ich werde im Verlauf noch auf diese Möglichkeiten hinweisen.

Dispersionsbinder

Der Dispersionsbinder

Dispersionen haben zunächst im Anstrich von Wänden Anwendung gefunden. Sie ersetzten dort vielerorts die dreiteiligen Emulsionen. 1915 wurde es möglich, Acrylharz herzustellen und in einer wässrigen Dispersion zu binden. Dabei galt das Hauptaugenmerk der Industrie dem Bausektor. Am Rande dieser industriellen Entwicklung profitierten Künstler wie Willi Baumeister von ihrem Entdeckergeist, denn erst nach und nach wurden speziell für den Künstlerbereich Produkte entwickelt, was schließlich zu einer vermehrten Anwendung unter anderem von Acrylfarben und dem wachsenden Bereitstellen von Spachtelgründen führte.

Dispersionen sind zweiteilige Bindemittel, wovon das dafür besonders geeignete Kunstharz auf fabrikatorischem Wege so fein in Wasser dispergiert, dass eine emulsionsähnliche Flüssigkeit entsteht. Alle Kunstharzdispersionen sehen milchig aus und trocknen wasserunlöslich und klar auf. Problematisch ist, dass sie leicht spröde werden. Dagegen aber hat man mit dem Zusatz sogenannter Weichmacher Abhilfe zu schaffen versucht, was wiederum Vergilbungen hervorbrachte. Für den Künstler mussten daher Dispersionen entwickelt werden, die frei von Weichmachern sind und gleichfalls eine vergilbungsfreie, hohe Viskosität aufweisen. Ihnen ist bei künstlerischen Arbeiten der Vorzug zu geben.

Bei Dispersionen gibt es innere und äußere Weichmacher. Die inneren sind Bestandteile des Kunststoffs (der Kunststoffteilchen). Die äußeren sind der Dispersionsemulsion beigefügt und bereiten Probleme, da sie wandern (z. B. aus den Bläschen der Luftpolsterfolie auf die Bildoberfläche, wenn das Bild längere Zeit verpackt ist).

Bei hochwertigen Dispersionen sorgen die inneren Weichmacher, also im Prinzip die Auswahl der Kunststoffteilchen, für die Elastizität. Die Haltbarkeit der Dispersion hängt ferner noch von dem ph-Wert ab. Mit dem Alter werden sie saurer. Dies kann man riechen: Die eine Dispersion riecht saurer als die andere (z. B. hochwertiges Künstlerprodukt und Holzleim im Vergleich). Letztlich liegt die Wahl jedoch in der Hand des Künstlers, da der Aspekt der vergilbenden Spachtelmasse nicht immer von Bedeutung ist.

Das fertige Spachtelmassen-Sortiment

Im Künstlerbedarfsfachhandel und Malerbedarf gibt es mittlerweile fertige Spachtelmassen in vielen Ausführungen. Bezüglich ihres Haftens und der Gefahr, rissig zu werden, sind sie meist unproblematisch in ihrer Verarbeitung. Jedes Produkt enthält aber auch genaue Beschreibungen – insgesamt ist für jeden Einsatzbereich das Passende vorhanden. Dennoch empfiehlt es sich, vor der großflächigen Verarbeitung die Produkte zu testen, um beispielsweise zu sehen, wie dick sie aufgetragen werden können, wann sie brechen und wie sie durch den Zusatz weiterer Füllstoffe verändert werden können. Doch nichts ist umsonst: Haben Sie mit ihnen unbefriedigende Ergebnisse erzielt, werden Sie sich neu umschauen und einfach den nächsten Schritt gehen.

An dieser Stelle über technische Zusammensetzungen wird es interessant, die Füllstoffe zu erwähnen, die auch beim Herstellen eines Freskokalkbildes und in Putztechniken relevant sind: Sande wie Quarzsand, Quetschsand, Kalksand, Marmorsand, Bimssand oder Lava, Tonziegelmehl, Tonziegelsplitt und Schamotte. Auch Sägemehl, Kunststoffsplitt u. a. können mit der Acryl-Spachtelmasse verbunden werden. Nahezu jeder Untergrund, der in der Tafelmalerei bekannt ist, kann mit dieser Masse bearbeitet werden: die Leinwand genauso wie Papier, Pappe, leichtes Tuch, Metall oder Holz.

Der Nachteil der fertigen Spachtelmassen ist häufig einfach der, dass ihr plastikhaftes Erscheinungsbild nicht gewünscht wird. Auch verhält sich diese Masse anders beim Einstäuben der Pigmente und bei zart lasierenden Aufträgen von wässrigen wie öligen Farben: Diese lassen sich allzu leicht wieder wegwischen. Organischer wirkt die selbst hergestellte Spachtelmasse, in die sich die oben aufgeführten Materialien genauso einbinden lassen.

Ausschnitt aus einer Marmormehl-Spachtelstruktur

Selbst hergestellte Dispersions-Spachtelmassen

Das Herstellen der eigenen Spachtelmasse ist leicht, erfordert allerdings einige Experimentierfreude. Letztlich sind dazu wieder – wie bereits aufgeführt – ein Dispersionsbinder und ein Füllstoff notwendig. Die beiden „Zutaten“ werden mit einem Quirl oder Japanspachtel zu einem „etwas festeren Rührteig“ vermengt. Dazu folgen später exakte Anleitungen (Siehe Kapitel Verschiedene Dispersions-Spachtelmassen, S. 37-49).

Ausschnitt aus einer gerissenen Marmormehl-Spachtelstruktur

Bei der selbst hergestellten Spachtelmasse erhält der Künstler eine mattere, nicht so synthetisch wirkende Oberfläche wie dies bei vielen der gekauften Spachtelmassen der Fall ist und – je nach Auftrag – erhält er eine zum Teil starke Rissbildung, die allerdings die Haltbarkeit der Masse nicht beeinträchtigt! Da man den Malprozess von der Reaktion des Materials her nicht komplett steuern kann, muss man sich bei der selbst hergestellten Spachtelmasse unweigerlich auf ihre Lebendigkeit und das eventuell unvorhergesehene Ergebnis einlassen. Doch genau darin liegt der entscheidende Unterschied zu den fertigen Massen.

Diese selbst hergestellten Spachtelmassen verbleiben, aufgetragen im richtigen Verhältnis von Binder und Füllstoff, fest auf dem Untergrund. Mögliche Rissbildungen nutzen Experimentierfreudige als zusätzliche, interessante Struktur und sie beginnen, mit dem Verhältnis von Binder und Füllstoff zu spielen. Daraus ergeben sich letztlich Strukturbilder, die nur über diesen Weg des „Sich-Ausprobierens" zu erzielen sind.

Selbst hergestellte Spachtelmassen aus Baumaterialien

Die ursprünglichste Spachtelmasse ist der Verputz im Bausektor. Kalk und Gips sind hier häufig das Basismaterial.

Kalk

Als Kalk bezeichnet man den natürlich vorkommenden Kalkstein, Kalkspat oder Marmor, der als kristallinisch

Struktur von Gipshaftputz

kohlensaurer Kalk in der Natur gebrochen und dem Kalkofen zugeführt wird. Durch Hitze wird ihm die Kohlensäure entzogen, es entsteht der Brandkalk. Die ursprüngliche Form des Gesteins ist dabei noch erhalten geblieben.

Ein Löschen durch Wasser führt letztlich zu einem Zerfall der Gesteinsbrocken, wobei das zugeführte Wasser chemisch gebunden wird. Der Kalk wird nun als Löschkalk bezeichnet, den es in Pulverform in Säcken im Baubedarf zu kaufen gibt.

Es ist an diesem Punkt ein Calciumoxid zu einem Calciumhydroxid geworden. Wird nun an der Stelle des Löschens mit Wasser nach und nach mehr Wasser zugeführt als nötig, entsteht ein Kalkbrei, der sogenannte Sumpfkalk, der in der Freskomalerei Verwendung findet. Dazu mehr in dem Kapitel Fresko-Sumpfkalkmörtel-Spachtelmasse (S. 50-59).

Der gelöschte, in Säcken verpackte Kalk ergibt mit Sand vermischt den Mörtel, den man aus dem Baubereich kennt. Wird der Kalk-Sand-Mischung Wasser beigemischt, so bindet diese Masse durch langsames Entweichen des Wassers zu einem Putzmörtel ab. Bei diesem Vorgang entweicht Wasser und Kohlensäure wird aus der Luft wieder aufgenommen. So schließt sich der Kreis und es entsteht wieder kohlensaurer Kalk.
Der dann entstandene „neue“ Kalk ähnelt wieder dem Ausgangsprodukt Kalk, nur dass er nicht mehr die gleiche Härte hat. Doch hat er genügend Bindekraft, dass er den Sand zu einer Art Kalksandstein zusammenhält.

Gips

Gips ist ein Material, welches in natürlicher Form vorkommt, als Gipsstein und als Gebrannter Gips. Der fein gemahlene Gipsstein ist als schwefel-saurer Kalk der Kreide sehr verwandt und ist unter den Bezeichnungen „Leichtspat“ oder „Lenzin“ zu finden. Er diente traditionell neben anderen Füllstoffen wie zum Beispiel Champagnerkreide in der Mischung mit hochwertigen Weißpigmenten zur Herstellung von Grundiermassen von Maluntergründen. Dieser Aspekt taucht noch einmal auf, wenn ich auf Malgründe eingehe (Siehe „Aufladung-Entladung“, S. 56-71).

Im praktischen Umgang völlig anders verhält sich der Gebrannte Gips. Dieser schwefelsaure Kalk entsteht als Nebenprodukt beim Brennen des Kalkes. Er trocknet in der Verbindung mit Wasser äußerst schnell zu einer weichen Gesteinsart ab. Es kennt wohl jeder das Verhalten von „Modellgips“ oder dem Gips, den wir verwenden, wenn wir Steckdosengehäuse eingipsen. In der Freskomalerei würde er durch dieses schnelle Abbinden den normalen Abbindevorgang stören und damit auch die Putzfestigkeit des Freskokalk-Mörtels beeinträchtigen.

Kalk und Gips im Vergleich

Als Malerin finde ich es spannend, dass sich Kalk – optisch gleich aussehend – voneinander in seiner kristallinen Struktur je nach Herkunft stark unterscheidet. Wie bei den Pigmenten auch ist diese Unterschiedlichkeit entscheidend für seine Geschmeidigkeit und Hochwertigkeit. Und an dem Beispiel des natürlich

Struktur von Baumaterial

Struktur von Fresko-Sumpfkalk

Struktur von Fresko-Sumpfkalk: Seine enorme Dichte und der Weißegrad bieten eine hohe Reflexionsfähigkeit.

gewonnenen Gipses aus dem Gipsstein wird auch deutlich: Der Kalk dient sogar als Füllmaterial in der Herstellung der Gemäldeuntergründe, während dies mit dem schnell abbindenden Gips, dem schwefelsauren Kalk, nicht denkbar ist.

In der praktischen Handhabung erfahre ich die Unterschiede von Kalk und Gips folgendermaßen: Kalk hat eine dichte, glänzende, weiße Oberfläche. Gips ist gräulich-beige in der Farbe und äußerst stark saugend. Er verschluckt die Farbe nahezu.

Ist Kalk zu bevorzugen und Gips abzulehnen? Im weiteren Verlauf des Buches gehe ich auf beide Materialien ein und zeige ihre spezifischen Möglichkeiten auf. Hier ein kleiner Einblick vorab: Gipshaftputz hat etwas Sprödes, trocknet an der Oberfläche schnell ab, sodass er scheinbar nur für starre Bildträger wie Wände und Platten Verwendung finden kann und ein schnelles Arbeiten voraussetzt. Dem ist aber nicht so. Interessant wird in diesem Zusammenhang der Dispersionsbinder, der eine Haftung und Flexibilität möglich macht.
Der Gipshaftputz wird in diesem Buch beispeilhaft beschrieben. Erproben Sie auch andere Materialien aus dem Bereich des Bausektors. Im Verlauf des Buches werde ich Ihnen zeigen, wie Sie Baumaterial mit einem bestimmten Prozentsatz an Dispersionsbinder versetzen können oder zuvor einen Haftungsuntergrund erzeugen, damit Sie auch in großer Auftragsdicke auf flexiblen oder extrem glatten, nicht saugenden Trägern arbeiten können.

Fresko-Sumpfkalk

Das Ausgangsmaterial des Kalkes für das Fresko ist nur das hochwertigste Kalkgestein als Rohmaterial wie zum Beispiel weißer Marmor. Möglichst noch über die traditionelle Methode des Brennprozesses im Holzofen hinaus wird das Gestein gebrannt und gelöscht: Durch ein Zuviel an Wasser zerfällt der Marmorkalk nicht nur zu Pulver, sondern bleibt als Kalkbrei zurück. Dieser wird in Gruben abgeleitet und lagert dort in diesem eingesumpften Zustand über ein Jahr und länger. Er wird daher auch häufig als Grubenkalk oder Sumpfkalk bezeichnet.

Obwohl keine chemische Veränderung stattfindet, verändert sich das Verhalten des Kalkbreis, je länger er in dem feuchten Zustand verbleibt. Er wird zusehends geschmeidiger. Ich selbst kaufe stets eineinhalb Jahre alten Sumpfkalk und lagere ihn bei mir zuhause. Das ist preiswerter. Im Durchschnitt ist er 6 bis 8 Jahre alt, wenn er Verwendung findet.

In der Herstellung eines Freskos wird Sumpfkalk mit Zusätzen von Sanden und Marmormehl verarbeitet. In dieser Technik sind nach wie vor starre Untergründe notwendig: Sie arbeiten also an der Wand oder auf einer Bauplatte wie zum Beispiel der Fermacell-Platte. Traditionell erfolgt in einer exakten Folge von verschieden stark gekörnten Mörteln ein Auftrag der Schichten von Nass in Nass. In diese feuchte (!) Masse der letzten Schicht des Freskos wird dann mit einem angeteigten, kalkverträglichen Pigment gemalt. Der Kalk – und das ist das Besondere – bindet das Pigment während seines Trocknungsprozesses ein.

Weitere Binder sind für die Festigung der Farbe nicht notwendig. Mit dieser Form des Farbauftrags sind, denkt man an die Malerei in der Vesuvstadt Pompeji, äußerst feine, filigrane Malereien möglich. Das erfordert allerdings einige Übung. Denn Freskomalerei bedeutet nicht nur ein Einüben der Technik, sondern auch ein Üben in Geduld. Für mich ist es eine beinahe in Vergessenheit geratene alte Technik, die es ebenfalls neu zu entdecken gilt.

In diesem Buch gehe ich auf eine der möglichen Abwandlungen der Freskokalk-Mörtel-Spachtelmasse genauer ein, die eher meinem Malduktus entspricht. Ich nutze die Weiße und Dichte der Oberfläche des Sumpfkalks nach dem Auftrocknen, verlasse hier das klassische Fresko mit dem Farbauftrag in das Nasse des Kalks und halte mich zudem nicht an die klassische Reihenfolge der Mörtelschichten.

Jede nachträglich aufgebrachte Farbe, z. B. Pigmente in Eitemperaemulsion oder Kaseinleim gebunden, wird durch die stark reflektierende Oberfläche des Kalkes zum Strahlen gebracht. Das ist ein richtiges Farbenereignis. Oder probieren Sie auch aus, was geschieht, wenn Sie nach dem Trocknen die Oberfläche wieder mit Schmirgelpapier und Kratzwerkzeugen verletzen.

Die Basis: Spachtelmassen

Dispersions-Spachtelmassen: Grundsätzliches zur Herstellung

Der Anteil Dispersionsbinder...

Grundsätzlich müssen Sie im Folgenden davon ausgehen, dass ich unter Dispersionsbinder den milchig aussehenden Binder verstehe, der eine recht cremige, dickflüssige Konsistenz hat und transparent auftrocknet. Es ist ein Kunstharz-Dispersionsbinder, der auch zum Herstellen von Acrylfarben genommen werden kann und ferner – neben der Acrylemulsion – zum transparenten Grundieren ungrundierter Leinwand dient.

Es gibt ihn – wie natürlich alle Materialien – in unterschiedlichen Qualitäten. Sind Weichmacher enthalten? Ist der Dispersionsbinder weiß oder cremefarben im Ton? Ist er sehr konzentriert und dickflüssig oder hat er eine Konsistenz von verdünntem Holzleim? Diese und andere Unterschiede werden Sie vorfinden, aber Sie können mit all diesen Dispersionsbindern arbeiten.

Tipp: Als Faustregel gilt, je hochwertiger das Ausgangsmaterial, umso teurer die Anschaffung und umso besser die Haltbarkeit ihrer Spachtelmasse. Trotzdem kann man kaum Rückschlüsse auf die exakte Wirkung nach dem Trocknen ziehen: Nehme ich dieses Produkt, dann erhalte ich jene Struktur. Nein, hier spielt Ihnen das Material stets neue und interessante Streiche.

Struktur aus Sand und Pigmenten mit Acrylemulsion

Der Anteil Acrylemulsion...

Im engeren Sinne ist dieser Dispersionsbinder auch eine Emulsion. Doch unterscheide ich diesen von der Emulsion, die im Fachhandel als Acrylemulsion bezeichnet wird. Acrylemulsion dient im engeren Sinn dem eigentlichen Herstellen von Acrylfarben, ist wesentlich dünnflüssiger und mit einer hohen Klebekraft versehen.

Tipp: Auch wenn immer wieder gesagt wird, dass man mit dieser Emulsion Spachtelmassen herstellen kann, so sagt die Praxis: Diese Spachtelmassen sind schwer zu glätten, äußerst zäh und haben einen hohen Plastikcharakter. Dies sollte man wissen, denn es gibt natürlich auch für diese Herstellung einen Einsatzbereich im künstlerischen Tun. Zudem haben diese Spachtelmassen eine enorme Klebekraft. Pigmentiert und versetzt mit Sand bilden sie beispielsweise eine ideale Haftung für Gipshaftputz-Mörtel.

Auf Möglichkeiten der Anwendung gehe ich im Kapitel Spachtelmasse aus Sand (S. 42) und im Kapitel Baumaterial-Dispersions-Spachtelmasse (S. 45) ein.

Verschiedene Spachtelstrukturen im Vergleich (v.l.n.r.) aus Sand, Schiefermehl, Marmorgrieß, Marmormehl mit Dispersionsbinder

Der Anteil Füllstoff...

Die Spachtelmassen, die nun folgend einzeln beschrieben werden, lassen sich äußerst einfach aus einem Füllmaterial wie Marmormehl, Marmorgrieß, Schiefermehl und Sand herstellen. Durch zusätzliches Einarbeiten von Wellpappe, Papier, Hanf, Gaze und vielen anderen Materialien können sie weiter abgewandelt werden. Hier nenne ich nur einige Möglichkeiten aus dem vielfältigen Repertoire. Vielleicht sollten Sie, wie ich zu Anfang meines Arbeitens, die Erde aus Ihrem Garten oder die Erde aus Ihrem toskanischen Urlaub nehmen und daraus eine Spachtelmasse herstellen. Wenn Sie die folgenden Anleitungen lesen, so sollen diese Ihnen weitere Möglichkeiten des Ausprobierens eröffnen.

Grundsätzlich: Bei den Maßverhältnissen gehen Sie stets von folgender Mischung aus: 2/3 Füllstoff und 1/3 Dispersionsbinder. Da allerdings auch optisch gleich aussehende Marmormehle in ihrer kristallinen Struktur unterschiedlich sind und Dispersionsbinder ebenfalls ihren jeweils eigenen Charakter haben, dienen alle angegeben Maßverhältnisse nur zur Orientierung. Bei Marmorgrieß und anderen Füllstoffen verschiebt sich das Maßverhältnis von Füllstoff und Binder noch stärker in Richtung eines größeren Anteils an Binder.

Wie in einem italienischen Kochbuch, in dem Sie eher wenige exakte Maßangaben antreffen, orientieren Sie sich danach, dass Sie einen festeren Rührteig herstellen. Der Füllstoffanteil muss zumeist eindeutig überwiegen. So können Sie mit Leichtigkeit die Masse glatt bekommen. Wollen Sie den Teig für Ihren Verwendungszweck dann eher dünner haben, mischen Sie erst nach der Herstellung der Spachtelmasse weiteren Dispersionsbinder unter!

Fehlerquellen: Nehmen Sie den Dispersionsbinder immer unverdünnt, wenn Sie mit Füllstoffen arbeiten, die keine eigene Bindekraft haben. Durch den späteren Auftrag der Farben kann es zu chemischen Reaktionen kommen, Ihre Spachtelmasse kann beim Trocknen der Farbe möglicherweise wieder aufweichen. Testreihen von mir zeigten solche Spätreaktionen.

Verschiedene Dispersions-Spachtelmassen

Marmormehl-Spachtelmasse

Sie füllen das Marmormehl in ein Gefäß mit möglichst senkrechten Wänden und geben den Dispersionsbinder unverdünnt nachträglich hinzu. Das Verhältnis ist etwa: 2/3 Marmormehl und 1/3 Dispersionsbinder. Sie orientieren sich daran, dass Sie einen festeren Rührteig erzeugen. Sie verrühren mit dem Japanspachtel mit nur leichtem Druck und ohne Anstrengung den Füllstoff und den Dispersionsbinder. In Kürze haben Sie eine feine, glänzende Masse, die aussieht, als hätten Sie Öl hineingegeben. Wollen Sie uneingearbeitetes Marmormehl erhalten, sichtbar durch kleine Knubbel in der Masse, so hören Sie einfach vorher mit dem Verrühren auf. Die Spachtelmasse lässt sich auch dergestalt ohne Probleme verarbeiten.

Eine hauchdünn aufgetragene Marmormehl-Spachtelmasse ist mit dem Auftrag nahezu schon aufgetrocknet. Das ändert sich natürlich mit der zunehmenden Dicke. Je extremer der Auftrag, um so länger benötigt der Trockenvorgang, der im Extremfall bis zu 24 Stunden dauern kann – eine übliche Raumtemperatur vorausgesetzt.

Sie können davon ausgehen, dass die Marmormehl-Spachtelmasse Risse beim Auftrocknen und bei zunehmender Auftragsdicke entwickelt, die eine Haftung auf dem Untergrund im Normalfall überhaupt nicht beeinträchtigt. Im Gegenteil: Die Oberfläche wird mit der Rissbildung lebendiger.

Tipp: Selbst größere Mengen können Sie hervorragend mit einem kurzen, schmalen Japanspachtel anrühren. Wird es Ihnen allerdings zu viel in der Menge, so nehmen Sie einen alten, ausrangierten Küchenquirl zu Hilfe.

Möchten Sie mit der Masse auf Ihrer Leinwand etwas modellieren, so sollten Sie darauf achten, dass sie gut durchgearbeitet und in ihrer Grundkonsistenz wenig breiig, sondern fest ist. Sie können davon ausgehen, dass ein dicker Auftrag auch eine starke Rissbildung nach sich zieht. Wie die Risse sich entwickeln, können Sie nie genau vorhersehen. Möchten Sie allerdings eine gerissene Fläche provozieren, so können Sie mit dem heißen Luftstrahl eines Haarföhns nachhelfen.

Wenn Sie eine feine, flüssigere Marmormehl-Spachtelmasse erzeugen möchten, so wählen Sie stets den Weg, dass Sie von der steiferen Masse ausgehen, die Knubbel leicht herausdrücken können und die Masse nach Fertigstellung mit weiterem Dispersionsbinder – nicht mit Wasser – verdünnen.
Und haben Sie einiges an Spachtelmasse übrig, so legen Sie ein Stück Plastikfolie zur Abdeckung über die Masse, bevor Sie das Gefäß luftdicht verschließen. So haben Sie noch viele Wochen etwas von Ihrem Material.

Fehlerquellen: Hier liegt der häufigste Fehler im Verdünnen des Dispersionsbinders mit Wasser, was die Klebekraft mindert. Es passiert auch immer wieder, dass man sich das Leben schwer macht, indem man einen zu langen und harten Spachtel anstatt des kurzen Japanspachtels zum Anmengen nimmt.

Bildaufbau mit Marmorgrieß-Spachtelstruktur: Vom Anmischvorgang, Auftrag und Strukturbearbeitung durch Einritzen.

Diese Dispersions-Spachtelmasse hält auf nahezu allen Untergründen: Aluminium, Glas, Plastik, Leinwand, Papier, Holz und anderem Material. Bestehen die Untergründe allerdings aus alten Ölfarben oder anderen ölhaltigen Flächen, sollten diese gründlich entfettet (mit Aceton) bzw. durchgetrocknet sein. Dass natürlich mit diesem „Fehler" auch wieder künstlerisch gearbeitet werden kann, zeige ich in dem Kapitel „Praktische Einladung in das Experimentierfeld" auf (Siehe „Aufladung – Entladung", S.100-150).

Marmorgrieß-Spachtelmasse

Sie füllen den weißen oder farbigen Marmorgrieß in ein Gefäß mit möglichst senkrechten Wänden und geben den Dispersionsbinder unverdünnt nachträglich hinzu. Sie orientieren sich an dem Verhältnis von 3/5 Marmorgrieß zu 2/5 Dispersionsbinder. Sie sollten einen mittelfesten Rührteig erzeugen. Mit leichtem Druck und ohne Anstrengung werden Füllstoff und Dispersionsbinder mit dem Japanspachtel vermengt. In Kürze haben Sie eine körnige, breiige Masse, die sich sehr leicht auftragen lässt.

Tipp: Die Farbe verhält sich bei dem Auftrag auf einer Marmorgrieß-Spachtelmasse sehr unterschiedlich im Vergleich zu dem Auftrag auf Marmormehl-Spachtelmasse, da die Körnigkeit des Untergrundes die Farbe weniger „loslässt", d. h. der Farbauftrag wirkt schneller intensiv und Lichter lassen sich nachträglich schwerer wieder hineinarbeiten. Allerdings lassen sich in einen Marmorgrieß-Spachtelmassen-Untergrund besonders schön Symbole hineinziehen. So entstehen reliefähnliche Untergrundbearbeitungen.

Arbeiten Sie nicht nur mit dem Pinsel, sondern auch mit Lackierrollen und nehmen Sie die Höhen mit. Heben Sie zwischen den einzelnen Farbaufträgen Farbe mit einem feuchten Schwamm heraus.

Ohne Probleme können Sie auch Marmormehl und Marmorgrieß miteinander mischen und daraus eine abgewandelte, körnige Spachtelmasse herstellen. Bei farbigem Marmorgrieß ist dies zudem sehr reizvoll, da Sie mit der Intensität des Farbtons spielen können. Dünn aufgespachtelt erhält man zudem bei dieser Mischung von Marmormehl und Marmorgrieß einen interessanten, eben nicht homogenen Untergrund.

Fehlerquellen: Hier liegt der häufigste Fehler ebenfalls wieder im Verdünnen des Dispersionsbinders mit Wasser, was die Klebekraft deutlich herabmindert. Ansonsten gelten die gleichen Fehlerquellen, die ich bereits unter dem Punkt Marmormehl-Spachtelmasse (S.37) aufgeführt habe.

Schiefermehl-Spachtelmasse

Schiefermehl gehört zu den bei Künstlern eher unbekannten natürlichen Erdpigmenten. Im engeren Sinne ist es ein Steinmehl bzw. eine Steinkreide. Es kommt in folgenden Farbabstufungen vor: vom hellsten Hellgrau, über Hellgrau-Grün-zu Grau-Grün, Blau-Grau

Bildaufbau mit Schiefermehl-Spachtelstruktur: Vom Auftrag, Strukturbearbeitung mit einem Spachtel und nachträglichem Auftragen von trockenem Schiefermaterial bis zum Farbauftrag mit Beize z. T. in Leinöl – alles in die noch feuchte Masse.

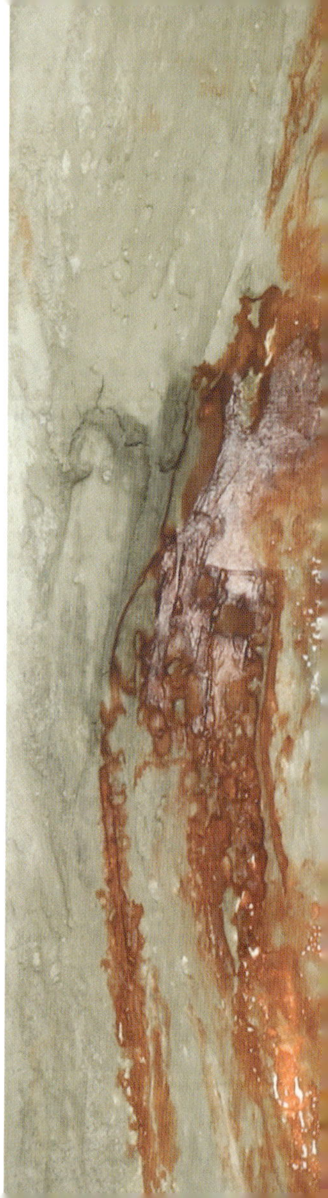

und fast Schwarz. Schiefermehl zeichnet sich durch eine hohe Lichtechtheit aus.

Ich stelle in diesem Buch die hellgraue Sorte vor. Es zeigt sich hierbei deutlich, dass diese Spachtelmasse nach dem Auftrocknen im Ton variieren kann. Wir haben es hier eben mit dem interessanten Aspekt „Pigment“ zu tun. Pigmente eröffnen uns ja stets ein Farbspektrum, je nachdem, welchen Binder sie enthalten und in welcher Konzentration dieser zugesetzt wird.

Sie füllen das Schiefermehl in ein Gefäß mit möglichst senkrechten Wänden und geben den Dispersionsbinder unverdünnt nachträglich hinzu – genauso, wie Sie es bei dem Marmormehl und dem Marmorgrieß bereits kennen gelernt haben. Sie orientieren sich daran, dass Sie einen festeren Rührteig erzeugen: etwa 3/5 Schiefermehl und 2/5 Dispersionsbinder. Sie arbeiten nur mit leichtem Druck und ohne Anstrengung mit dem Japanspachtel den Füllstoff und den Dispersionsbinder untereinander. In Kürze haben Sie eine feine, glänzende Masse, die aussieht, als hätten Sie Öl hineingegeben. Der Ton des Schiefermehls hat sich stark verdunkelt.

Tipp: Experimentieren Sie hier mit den Mengenverhältnissen von Pigment und Binder, um das Farbenspiel des Pigments zu erfahren. Der Farbton der Spachtelmasse wird nach dem Trocknen etwas heller. Eine Verdunkelung bleibt allerdings. Zusätzlich könnten Sie das Pigment Schiefermehl trocken auf Ihre aufgetragene, noch feuchte Masse sieben oder drauf werfen. Drücken Sie dann das Gestreute mit einem Seidenpapier an. Sie ziehen das Seidenpapier wieder umsichtig ab und lassen alles trocknen. Wenn dies geschehen ist, bürsten Sie den nicht haftenden Überschuss heraus. Die Untergrundbearbeitung bekommt dadurch aufgebrochene, helle Stellen und wird sehr lebendig. In dem Kapitel Praktische Einladung in das Experimentierfeld (Siehe „Aufladung – Entladung“, S. 100-150) gehe ich ausführlich auf das Beispiel mit den „falschen“ Verhältnissen ein. Hier ignoriere ich die Notwendigkeit der „richtigen“ Mengenverhältnisse und mische zudem die Spachtelmasse zum wesentlichsten Teil auf dem Untergrund an. Durch dieses Spiel von trockenen und feuchten Stellen im Untergrund und dem Abziehen mit Seidenpapieren entstehen flechten und moosähnliche Strukturen.
Durch meine Aufenthalte in Norwegen und den Wanderungen durch die Landschaft mit ihrem klaren Licht glänzte mir das Farbenspiel einer Vielzahl an Flechten und Moosen entgegen und das Gefühl unter den Füßen war bei jedem Schritt weich, wenn ich durch die Wiesen ging. Diesem Wahrnehmen, dieser Stofflichkeit wollte ich einen Ausdruck geben. So kam ich durch Experimentieren auf dieses Schichten von Strukturen, wie ich es Ihnen später im Detail versuchen werde, näher zu bringen.

Fehlerquellen: Hier liegt der häufigste Fehler ebenfalls wieder im Verdünnen des Dispersionsbinders mit Wasser, was die Klebekraft deutlich herabmindert. Und häufig wird bei dieser Spachtelmasse der eigene Ton des Schiefers ignoriert, der durch das Pigment entsteht. Die Bilder werden dann schwer und trüb. Wenn Sie dies allerdings als den dann neuen Ausgangspunkt ansehen, werden Sie auf eine wunderbare weitere Bearbeitungsmöglichkeit stoßen und mit Farbe stärker eingreifen. In der Vergangenheit unternahm ich mit Kursteilnehmern auf diese Weise eine Reise in die Höhlenmalereien.

Spachtelmasse aus Sand

Sie nehmen den Sand in ein Gefäß und füllen Dispersionsbinder oder jetzt auch alternativ Acrylemulsion ein. Das Verhältnis variiert je nach Einsatzbereich:

Sand und Dispersionsbinder nehmen Sie im Verhältnis 1 zu 1, wenn Sie den Sand dicker auftragen wollen und einen saugfähigen Untergrund haben wie zum Beispiel grundierte Leinwand.

Ist der Untergrund sehr glatt wie bei Hartfaserplatten, Sperrholz und ähnlichem, so nehmen Sie Acrylemulsion anstatt Dispersionsbinder, da diese die Klebekraft erhöht. Die Spachtelmasse wird hier wieder, wie oben beschrieben, zu einem dicken Rührteig vermengt.
Sand und Acrylemulsion nehmen Sie im Verhältnis 2/5 zu 3/5, wenn Sie einen rauen Haftgrund für Kalk- und Gipshaftputze herstellen wollen. Die Spachtelmasse wird dann zu einem dünnflüssigen Rührteig verarbeitet. Der Sand kann auch gröber sein.

Tipp: Achten Sie darauf, dass der Sand mit dem Binder dunkler wird und nach der Trocknung auch dunkel bleibt. Das gilt selbstverständlich für alle Sandfarben. Sie können den naturfarbenen Sand natürlich beim Herstellungsprozess zur Spachtelmasse mit fertigen Acrylfarben einfärben. Da der Sand aber eher die Neigung hat, der Farbe bei späteren Farbaufträgen einen

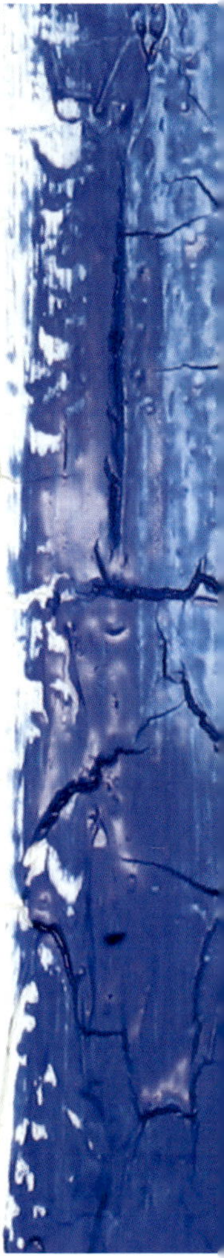

„schweren“ Charakter zu geben, rate ich zu einem Einfärben mit Pigmenten. Die dadurch in sich changierende Wirkung verleiht der Sand-Spachtelmasse einen lebendigen Ausdruck und bleibt offener und transparenter in der Oberflächenwirkung.

Fehlerquellen: Die getrocknete Sand-Spachtelmasse „schluckt“ den anschließenden Farbauftrag und ist darüber hinaus nicht gut schleifbar, was oft nicht berücksichtigt wird. Diese Eigenarten des Sandes erschweren es häufig, die Masse in das Gesamtgefüge eines Bildes gestalterisch einzubetten.

Allgemeine Abwandlungsmöglichkeiten zur Spachtelmassenstruktur

Den gespachtelten Strukturuntergrund können Sie weiter durch das Einkleben von Papieren, Pappen, Hanf und anderen Elementen abwandeln. Die Dispersions-Spachtelmassen haben eine hohe Klebekraft. Im feuchten Zustand können Sie diese fremden Materialien zusätzlich einkleben. Besonders einfach ist es bei Stoffen, die eine eigene Saugfähigkeit besitzen wie Wellpappe, Seiden- und Pergaminpapier.

Auch das partielle Einpusten von feinen Sanden in Ihr Bild, solange Ihre Spachtelmasse feucht ist, verändert die Struktur. Überall dort, wo der Sand haftet, verhält sich auch die fein aufgetragene Farbe anders: Sie kommt stofflicher, matter und dunkler daher. In der optischen Wirkung ist der Farbauftrag dann stumpfer und er wirkt so, als würde das Pigment offen aufliegen. Sehr reizvoll!

Tipp: Es ist ratsam, alle hinzugefügten Elemente nicht einfach oben draufzusetzen. Die Wirkung ist häufig im wahrsten Sinne „aufgesetzt". Überziehen Sie die eingearbeiteten Elemente in Ihrem Bild zum Teil mit Spachtelmasse – und später auch mit den Farben. Sie werden somit eingebettet und integrieren sich sehr organisch in das Gesamtgefüge des Bildes. Es verhält sich eben im detaillierten Arbeiten an einem Bild wie im richtigen Leben: „Wenn ich mit nichts etwas zu tun haben will, bleibe ich auch immer aus dem Geschehen draußen."
Sande können hier neben dem Pigment, wie oben schon erwähnt, als Verstärkung der Struktur mit einem Siebchen eingestreut wie auch seitlich eingepustet werden. Durch das Einpusten erreicht man Verläufe, durch das Einsieben ist eine punktuelle Betonung möglich.

Löst sich nach der Trocknung etwas von den wichtigen Versatzstücken im Bild, so scheuen Sie sich nicht und helfen mit dem nachträglichen Festkleben nach. Sie können sogar zu Holzleim greifen. Ansonsten ist meine Devise immer: „Was runter will, soll runter. Man muss sich auch von Nichthaftendem verabschieden können."

Fehlerquellen: Die Spachtelmasse muss unbedingt feucht und von ihrem Auftrag her dick genug für das einzuklebende Objekt sein.

Baumaterial-Dispersions-Spachtelmasse

Interessant wird der Dispersionsbinder zudem im Zusammenhang mit Baumaterialien. Dieses für Künstler so wertvolle Produkt macht es möglich, beispielsweise Gipshaftputz im malerischen Zusammenhang sogar auf einem flexiblen Untergrund wie Leinwand zu verwenden. Zu diesem Zweck muss die Masse angemengt werden – jedoch nicht wie gewohnt ausschließlich mit Wasser, sondern mit einer Mischung aus Wasser und „einem guten Schuss" Dispersionsbinder. Das Verhältnis muss ausprobiert werden und ist abhängig von dem Baustoff, der Verwendung findet.
Hier stelle ich beispielhaft das Arbeiten mit dem Gipshaftputz als einen Vertreter aus den Reihen der Baumaterialien vor. Der Gipshaftputz ist in unseren Breitengraden das klassische Verputzmaterial von Innenraumwänden. Er besteht aus einer Mischung von gröber gemahlenem Naturgips – Reagips – und einer Kunststoff-Haftemulsion. Im Handel gibt es für diese Mischung unterschiedliche Produktnahmen.

Nun könnte man davon ausgehen, dass diese Mischung von Gips und dem Anteil an Kunststoffemulsion (= Dispersionsbinder = Acrylbinder) schon ausreicht, um damit den künstlerischen Ansprüchen von Haltbarkeit, längerer Möglichkeit der Bearbeitung und Flexibilität zu genügen. Wer es ausprobiert hat, weiß, dass das nicht so ist. Das Material reißt und fällt von der Leinwand. Die Möglichkeiten des Dispersionsbinders kommen nun zum Tragen.

Sie stellen in einem separaten Gefäß – welches sie verschrauben können und eine Menge von 3-5 Litern

fasst – eine Wasser-Dispersionsmischung im Verhältnis von zwei Anteilen Wasser zu einem Anteil Dispersionsbinder her. Wenn Sie eher großzügig arbeiten und nicht zu genauen Abmessungen neigen, dann „vertun" Sie sich eher zugunsten des Dispersionsbinders.

Dann füllen Sie Gipshaftputz in eine Plastikschüssel oder in einen kleinen Eimer. Gießen Sie nach und nach die Wasser-Dispersionsmischung hinzu und rühren mit einem Stielspachtel das Wasser sofort ein. Dies machen Sie, bis Sie eine feuchte Mischung hergestellt haben, die eher einem breiigen Rührteig ähnelt. Sie können auch in umgekehrter Reihenfolge vorgehen und zunächst die Wasser-Dispersionsmischung in ein Gefäß einfüllen und den Gipshaftputz einrühren, bis er die richtige Konsistenz hat. Schauen Sie, mit welcher Reihenfolge Sie persönlich besser zurechtkommen.

Sie können nun mit der Masse direkt auf Ihrem Untergrund arbeiten (1) oder auf einem zuvor separat hergestellten Haftuntergrund (2) Sand und Acrylemulsion. Eine weitere in diesem Buch nicht dargestellte Variante (3) ist, diese Spachtelmasse nachträglich bzw. zusätzlich als Strukturelement einer ansonsten überwiegend rein gemalten Arbeit einzusetzen.

Sie haben 30-45 Minuten Zeit, mit diesem Material zu arbeiten, es hin und her zu schieben. Sie haben zusätzlich bei dieser Masse die Möglichkeit, auf Ihrem Untergrund in einer Höhe von mehreren Zentimetern zu modellieren! Es ist auch möglich in mehreren Lagen mit Zwischentrocknungen zu arbeiten. Die exakte Zeit der Verarbeitbarkeit hängt von der Dicke des Auftrags und der Menge des zugeführten Dispersionsbinders ab. Sobald die Masse abbindet, müssen Sie aufhören. Das merken Sie daran, dass sie oberflächig trocken wird.

Nun, natürlich habe ich auch schon im Verlauf des Unterrichtens erlebt, dass der Punkt bei Studenten überschritten wurde und sich ganze Teile des Bildes wieder lösten. Hier hilft kein Rettungsversuch: Klopfen Sie ab, was runter will und nehmen Sie entweder die dann vorliegende Situation als Ausgangsbasis oder Sie verabschieden sich von der Arbeit.

Tipp zu 1

Wenn Sie die Variante 1 wählen und direkt auf der Leinwand arbeiten wollen: Sie haben eine grundierte Leinwand vor sich liegen, d. h. sie ist weiß oder transparent grundiert. Das Gipsmaterial, welches einen Untergrund benötigt, in den es sich „festkrallen" kann, findet in der grundierten Leinwand einen recht guten Untergrund.

Fehlerquellen zu 1

Punktuell können Sie 1-5 und mehr Zentimeter aufbauen. Sie haben allerdings darauf zu achten, dass Sie dies nicht großflächig über Ihre Leinwand in einer dicken Schicht tun.

Abb. links: Bildaufbau mit Gipshaftputz-Spachtelmasse: Vom Auftrag mit einem Zahnspachtel und der farblichen Weiterbearbeitung nach der Trocknung, mit selbst hergestellter Farbe aus Pigmenten und Zelluloseleim.

Tipp zu 2

Wenn Sie die Variante 2 wählen und Sie ganzflächig, in sehr starker Lage auftragen wollen, können Sie als Alternative zu der grundierten Leinwand z. B. eine verstärkte Hartfaserplatte verwenden. Diese Platte bietet sich zudem bei großformatigen Bildern an, da sie leicht ist. Sie macht vielleicht noch mehr als die Leinwand deutlich, dass hierauf keine Haftung des Gipshaftputzes möglich ist. In beiden Fällen (Leinwand und Hartfaserplatte) muss ein Haftgrund (Sand und Acrylemulsion) für den dicken, ganzflächigen Auftrag hergestellt werden. Diesen lässt man gut durchtrocknen, bevor man anfängt, mit der Gipshaftputz-Spachtelmasse zu arbeiten. In dem Kapitel Grundsätzliches zum Untergrund (Siehe „Aufladung – Entladung", S. 56-71) gehe ich auf diese Möglichkeit der Untergrundvorbereitung detailliert ein.

Fehlerquellen zu 2

Die Haftschwäche wird leicht unterschätzt, wenn der Auftrag ganzflächig dick aufgetragen wird. Eine starke Bewegung des Untergrundes macht auch der mit Dispersionsbinder verstärkte Materialauftrag nur begrenzt mit, wenn er in der gesamten Fläche aufgetragen wurde. Haben Sie allerdings mit einem Haftgrund gearbeitet, können Sie vielleicht die gleiche Erfahrung machen wie ich: „Ihre Arbeit fällt bei einem Ausstellungsaufbau auf die Vorderseite und nicht ein Krümel hat sich dadurch von dem Bild gelöst. Das ist mir zu meinem Schrecken wirklich passiert."

Tipp zu 3

Sie wählen die Möglichkeit des Materials dergestalt, dass Sie in einzelne Partien des Bildes die Spachtelmasse mit dem Flächen- oder Zahnspachtel einziehen, um leichte Strukturelemente in ein ansonsten überwiegend klassisch gemaltes Bild zu erreichen. Hierbei ist eigentlich nur darauf zu achten, dass diese Flächen in Kommunikation mit dem Rest des Bildes bleiben. Zu bedenken ist auch, dass die Farbe auf dem Gipshaftputz-Material ihre Leuchtkraft einbüßt: Sie wirkt leicht eingeschmutzt im Vergleich zu den Farben, die auf weißem Leinwanduntergrund stehen.

Fehlerquellen zu 3

Selbst, wenn Sie nur Spuren des Gipshaftputzes in Ihrem Bild haben, unterschätzen Sie nicht die Dauer der realen Abbindezeit. Oberflächig wirkt die Gipshaftputz-Spachtelmasse aufgetrocknet, im Untergrund ist sie noch weich. Solange das der Fall ist, lässt sie sich wieder von der Bildfläche wegschieben.

Tipp allgemein:

Das Interessante an dem Einsatz von Gipshaftputz-Spachtelmasse ist die Wirkung einer starken Stofflichkeit in der Oberfläche. Die zuvor in die feuchte Masse eingesiebten oder eingepusteten Sande und Pigmente werden durch den stark saugenden Charakter des Materials in dieser Ursprünglichkeit eingebunden. Sie können ferner zum Teil während des Arbeitens Nass in Nass untergehoben und nach der

Abb. links: Bild 4 aus der Reihe „Körperwelten", 2005, 120 x 120 cm
Gipshaftputz-Spachtelmasse auf Haftgrund mit Sand, Pigmenten in Acrylemulsion – mit eingearbeiteter Marmormehl-Spachtelstruktur, farbigen Sanden und Pigmenten in die feuchte Masse; Schleifprozess und Einarbeiten des Pigmentüberschusses nach dem Trocknungsprozess; Kaseinleimfirnis.

Trocknung in einem Schleifvorgang wieder freigelegt werden. Dieses Material lässt sich grundsätzlich gut schleifen, sodass Sie fehlende oder zusätzliche Lichter in Ihrer Arbeit erzielen können. Durch das Einarbeiten von weißer Marmormehlmasse in die noch feuchte Rotbandmasse wirken Sie in Ihre Arbeit noch Lichter hinein. Diese Stellen mit Marmormehl lassen sich wieder frei waschen.

Fehlerquellen allgemein:

Die größte Schwierigkeit liegt häufig darin, dass der Stofflichkeit der Oberfläche bei der weiteren Bearbeitung mit Farben zu wenig Rechnung getragen wird. Ein weiterer Nachteil ist die hohe Saugfähigkeit des Materials. Farben mit einem öligen Anteil werden daher schnell zu schwer (zu dunkel), da das Öl einsickert. Es finden daher eher Binder bzw. Farben Verwendung, die zum einen auf einer Wasserbasis grundieren und zum anderen einen Binder haben, der die Poren des Materials nicht schnell verklebt wie z. B. Farben auf der Basis von Zelluloseleim, Kaseinleim oder Eitemperaemulsion.

Freskosumpfkalk-Mörtel-Spachtelmasse

Grundsätzliches zur Zusammensetzung

Nun, hier kreiere ich einen neuen Begriff „Freskosumpfkalk-Mörtel-Spachtelmasse“. Ich verwende zwar den Sumpfkalk, der für das Erstellen eines klassischen Freskos unbedingt notwendig ist, doch benutze ich ihn zum Erzeugen eines strukturierten Untergrundes. Diese Spachtelmasse hat eine Brillanz wie keine andere und bringt weitere Eigenarten mit sich, die gewöhnungsbedürftig sind. Es ist hierbei ratsam, dieses Material vom Aufbau her und auch in seiner klassischen Anwendung zum Fresko kennen zu lernen.
Die Zusammensetzung des Freskosumpfkalk-Mörtels ist ebenso entscheidend wie bei einem Backrezept die einzelnen Zutaten.

Sumpfkalkanteil

Diese quarkähnliche Variante des Kalkes: Dieser Kalk wird in einem Eimer gekauft, in dem Wasser und Kalk als Quarkteig abgefüllt wurden. Diese weiche, sumpfige Masse wird nass verarbeitet und ist bei Abfüllung bereits über ein Jahr alt. Die kristalline Struktur – sprich die „gute“ Herkunft des Kalkes, die Art des Herstellungsprozesses zum „Sumpfkalk“ und die Länge der Lagerung ist verantwortlich für die Hochwertigkeit und Geschmeidigkeit des weichen Fresko-Kalkes. Selbst die Art des Löschvorgangs ist von Kalk zu Kalk unterschiedlich und beeinträchtigt seine Qualität. In dem Kapitel über Kalk (S. 27/28) bin ich auf den Herstellungsprozess des Sumpfkalks bereits eingegangen.

Sandanteil

Eine weitere Zutat, die zum Herstellen des Fresko-Mörtels wichtig ist. Ideal ist hier reiner Quarzsand, der in Baufachgeschäften und im Künstlerbedarfsfachhandel zu finden ist.
Alternativ kann man Flusssand oder Grubensand nehmen. Entscheidend für die Festigkeit des Mörtels ist, dass keine lehmigen Anteile im Sand enthalten sind. Aus diesem Grund muss Grubensand immer vorher gewaschen und (!) getrocknet werden. Grubensand erkennt man häufig an der gelben Farbe, die durch Eisenbeimengungen entsteht. Flusssand und Gruben-

sand bestehen aus kleinen Rollkieseln. Für das Fresko besser geeignet sind allerdings Sande, die scharfkantig sind. In Baustoffhandlungen kann man daher Ausschau nach feineren „Betonsanden" halten. Eine besondere Stellung in der Auflistung der Sande nimmt der Kalksand ein – also kleine Kalksteinteilchen. Ihm gleichgestellt sind die Marmorsande.

Mischungsverhältnisse der Sande

Es gibt sie in ganz unterschiedlichen Korngrößen – ähnlich dem feinen Weizengrieß für Grießpudding oder dem groben Maisgrieß für italienische Polenta. Sehr entscheidend für das Herstellen eines Fresko-Mörtels sind also neben der Wahl der Sande – wie zuvor kurz aufgeführt – die richtig bemessenen Mischungsverhältnisse von gröberen und feineren Sanden (Kies = ganz grober Sand = 3-8 mm/grober Sand = 1-2 mm/ feiner Sand = 0,2-0,5 mm). Es wird also deutlich, dass wir es hier mit einem Handwerk zu tun haben, das Geduld und Übung bedarf. Jeder, der sich darin versucht, läßt sich auf ein spannendes Gebiet ein und aus jeder missglückten Arbeit wächst das Gefühl für das Material. Mengenverhältnisse, die ich im Folgenden angeben werde, sind im Bereich der Kalkverarbeitung wirklich nur eine Richtschnur.

Eine weitere Zutat ist der Anteil des Zuschlagstoffes. Hier gibt es unterschiedliche Materialien. Zum Verständnis ist es hier wichtig zu wissen, dass der Fresko-Mörtel aus mehreren einzelnen Schichten besteht, die verschieden sein müssen, damit der Mörtel langsam durchtrocknen kann. Die Langsamkeit ist entscheidend für die Festigkeit des Mörtels. Und wenn auf die letzte Schicht gemalt wird, so nutzt man hier eher eine feine und weiße Oberfläche, damit die Farbe oder der Strich gut drauf wirken kann. Feinsandiger Putz reißt hier zu stark, grobsandiger Putz ist nicht immer das, was man wünscht oder worauf man malen möchte. Um den langsamen Abbindevorgang positiv zu beeinflussen, setzt der Mörtelhersteller Zuschlagstoffe hinzu, die Wasser gut binden und langsam wieder abgeben wie z. B. Bimssand, Lava, Tonziegelmehl, Tonziegelsplitt und Schamotte.

Mörtelmischung

Das nun alles Entscheidende für den Mörtel ist das Verhältnis von Kalk und Sanden sowie Zuschlagstoffen in den jeweils einzelnen Schichten. Zu magerer, meist kalkarmer Mörtel bleibt mürbe, da Kalk für die Bindung zuständig ist und zu fetter, meist kalkreicher Mörtel reißt, da er zu einer zu schnellen Trocknung neigt.

Ich bevorzuge die altrömische Variante, die in unteren Schichten kalkärmere Mischungen und in den oberen Lagen kalkreichere Mischungen verwendet. Wichtig hierbei ist, dass in den unteren Schichten stark mit gröberen Anteilen bis dicht unter die Malfläche gearbeitet wird. Das Eindringen von Kohlensäure wird dadurch erleichtert und eine Durchkarbonisierung gelangt bis in die tiefste Schicht.

Eine gelungene Mörtelmauerschicht ist aber natürlich auch abhängig von der Dicke der Schichten und dem Untergrund, der auf jeden Fall eine gute Haftung und Saugfähigkeit möglich machen muss. Als Träger für Bilder in der Fresko-Technik benutze ich bei kleinen Arbeiten in der Oberfläche verletzte Fermacell-Platten, ansonsten mit einer Holzunterkonstruktion verstärkte,

mit Aceton entfettete, in der Oberfläche verletzte Hartfaserplatten.

Das Vorgehen beim Aufbau nach der traditionellen Vorgehensweise: Wenn Sie noch nie mit einem Sumpfkalk gearbeitet oder einen Freskokalk-Mörtel erstellt haben, so stellen Sie sich hier vor: Sie haben einen quarkähnlichen Kalk vorliegen – also keine Pulverform – und Sie arbeiten beim Schichten der einzelnen Kalkmörtelschichten stets Nass in Nass. Das ist wichtig! Die Praxis wird Sie dann konkret weiterleiten.

Zunächst wird der Untergrund sehr stark vorgenässt, da Kalk viel Wasser beim Trocknen aufbraucht. Sie arbeiten drei verschieden zusammengesetzte Mörtelschichten übereinander. Die erste Freskokalk-Mörtelschicht müssen Sie kräftig an ihren Untergrund andrücken. Sie darf uneben sein. In der mittleren Freskokalk-Mörtelschicht werden die Unebenheiten ausgeglichen. In der letzten Freskokalk-Mörtelschicht, der Malschicht – der „intonaco" –, wird sehr stark verdichtet. Aus einer Quelle der Antike wird beschrieben, dass ein Lapislazuli dazu verwendet wurde. Sie nehmen bei Ihren Bildern ein dafür vorgesehenes Anreibebrettchen. Achten Sie darauf, dass die letzte Schicht viel Kalkwasser enthält.

Erfahrungsgemäß ist es gut, dieses Handwerk mit ihren Zusammensetzungen zunächst in der traditionellen Gangart zu erproben und eine Liebe für das Tun mit dem Material zu entwickeln. Doch auch in diesem Bereich des Fresko-Mörtels können Sie experimentieren: Malen Sie nicht in Ihre feuchte Schicht, sondern streuen Sie Pigmente ein und ziehen Sie diese leicht in den noch nassen Kalk. Sie können auch Rissbildungen oder Absplitterungen provozieren. Das Risiko ist hier – also gänzlich ohne die Kenntnisse um das Material Kalk –, dass Sie Ihr Bild komplett verlieren können und es Ihnen völlig zerbröselt.
Das Arbeiten mit der Freskokalk-Mörtelmischung geht hier keine Kompromisse ein und bringt es auf den Punkt: Es geht langsam voran. Das ist für Teilnehmer, die diese Technik in meinen Gruppen erlernen wollen, eine große Herausforderung. Und es ist ein Genuss, wenn sie sich darauf einlassen können. Bislang gab es nahezu bei fast allen, die es lernten, ein „Darein-Entspannen": Das Arbeiten ist sehr handwerklich, sehr schlicht. Jeder lernt im ersten Schritt die traditionelle Form des Arbeitens und fühlt sich – Schritt für Schritt – in das Material ein, lernt es kennen und meistern. Der Blick auf Fresken alter Meister – wie die von Michelangelo zum Beispiel – wird bei einem nächsten Besuch einer Kirche oder Ausgrabungsstätte ein komplett neuer und mit sehr großer Wertschätzung bestückt sein.

Rezept
Die Mischungsverhältnisse
der Altrömischen Variante sind:
Schicht 1:3
1 Teil Sumpfkalk, 2,5 Teile Kies,
0,5 Teil grober Sand, etwas Zuschlagstoff
Schicht 1:2,5
1 Teil Sumpfkalk, 2 Teile grober Sand
0,5 Teil feiner Sand
Malschicht 1:1,5
1 Teil Sumpfkalk, 0,5 Teil grober Sand
1 Teil feiner Sand oder Marmormehl

Bilder aus meinem Freskokurs

In diesen Fotosequenzen sehen Sie die Spuren der ursprünglichen Vorzeichnung in den feuchten Kalkmörtel als geritzte Linie. Der erste Farbauftrag, der hier nicht gezeigt ist, geschah durch das Anmischen des Pigmentes mit Wasser zu einem Farbteig, der als Farbe benutzt und mit dem Pinsel in die noch nicht abgebundene Kalkschicht aufgetragen wurde. Der Kalk ist in diesem Fall der Binder gewesen. Nach dem Trocknen des Kalks malten die Teilnehmer mit einer selbst hergestellten Eitemperafarbe weitere Feinheiten und Farbverstärkungen in ihr Bild.

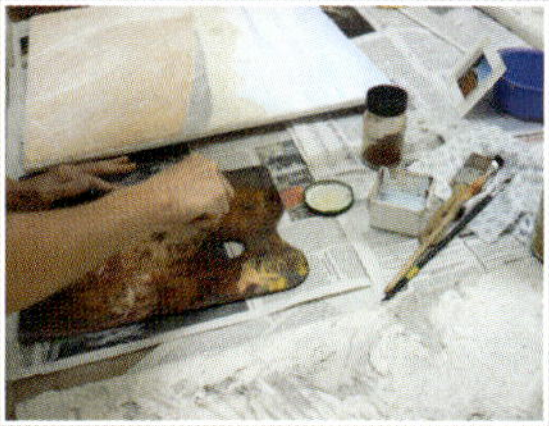

Fresko-Mörtel in der Benutzung als strukturierter Untergrund

Es gibt vielfältige Möglichkeiten, mit dem Kalk als solchem zu arbeiten. Hier stelle ich exemplarisch eine Gangart vor, die sich von dem traditionellen Vorgehen löst.

Sie nehmen eine Fermacellplatte oder präparierte Hartfaserplatte. In dem Kapitel Grundsätzliches zum Untergrund (Siehe „Aufladung - Entladung", S. 56-71) werden Sie Näheres zu der Vorbereitung einer solchen Platte finden. Ich nehme hier bei den verschiedenen Freskokalk-Mörtelschichten Bezug auf das zuvor beschriebene Rezept.

Erste Arbeitsgänge:
Sie stellen die Fresko-Mörtelschicht (1) her und tragen diese Schicht etwa 5 mm stark auf. Dies ist die Basis für Ihre weiteren Aufträge. Sie arbeiten bei dem Aufbau der einzelnen Schichten Nass in Nass. Diese erste Schicht drücken Sie gut an und lassen sie etwas anziehen. Dass sie weiter verarbeitet werden kann, spüren Sie daran: Wenn Sie die Handfläche auflegen, muss diese komplett gut nass werden, jedoch darf an Ihrer Handinnenfläche kaum noch Mörtel hängen bleiben.

Bringen Sie jetzt die Fresko-Mörtelschicht (2) auf und bringen sie auf. Hier geht es nicht um eine Glättung der Fläche, sondern sie bleibt strukturiert und uneben. Ohne dass Sie ein Anziehen der Schicht (2) abwarten, bringen Sie die Schicht (3) auf und wirken beide letzten Schichten zum Teil untereinander. Sie können das auch wiederholen. Entscheidend ist hierbei, dass Sie eine gröbere Schicht und eine Malschicht nebeneinander und ineinander gewirkt haben. Nach der Bearbeitung haben Sie eine Struktur auf Ihrem Untergrund vorliegen. Sie arbeiten mit Zahnspachtel, breiten Japanspachteln und Glättern.
Mit dieser Auftragfolge der Freskokalk-Mörtelschichten verletzen Sie die vorgegebene und für ein spannungsarmes Auftrocknen notwendige Schichtung der drei Mörtellagen. Sie werden nun Risse in Ihren Maluntergrund bekommen, der sich – wenn Sie genug verdichtet haben – nicht mehr vom Untergrund löst. Doch es werden Risse und Schrunden entstehen, die anders aussehen als bei der Dispersions-Spachtelmasse auf der Basis mit Marmormehl. Die Durchtrocknungszeit der Mörtelschichten kann eine Woche betragen! Das ruhige Trocknen ist bei dieser Technik absolut wichtig, da es mit der Haftung Ihres Verputzes einhergeht.

Im traditionellen Fresko hätten Sie auf einer ebenen Fläche in eine feine und feuchte Kalkmischung hineingemalt. Dazu würden Sie ein kalkverträgliches Pigment mit dem Kalkwasser ohne den Zusatz eines weiteren Bindemittels vermengen und mit diesem Farbteig in den feuchten Untergrund hineinmalen. Pigmente sind stets für ihren jeweiligen Einsatzbereich gekennzeichnet. In diesem Fall achten Sie auf Kalk- und Zementtauglichkeit.

Der Binder für die Farbe ist der Kalk, die Bindung geschieht mit dem Auftrocknen. Diesen Vorgang könnten Sie natürlich auch auf einer strukturierten Fläche durchführen. Eine weitere Abwandlung wäre, dass Sie pures Pigment in Pulverform aufstreuen und

Ausschnitt aus einer feuchten Fresko-Sumpfkalkmörtel-Spachtelmasse

in den nassen Kalk einarbeiten. In beiden Fällen würde dies der eigentlichen Art „in Fresko" zu arbeiten entsprechen. Eine andere Spielart des Farbauftrags kann die sein, dass Sie nach der Erstellung der Freskokalk-Mörtelmischungen Ihre Platte liegend durchtrocknen lassen. Auf diese Variante gehe ich hier ein.

Nächster Spachtelgang:
Sie holen Ihre Platte vorsichtig wieder hervor. Sie ist im Liegen getrocknet. Die Risse, die sich nun gebildet haben, bringen möglicherweise eine gewisse Instabilität in Ihren weißen, strukturierten Untergrund. Daher nehmen Sie jetzt einen der hochwertigsten, feinen und weißen Kalkspachtel aus dem Baubereich, der zusätzlich mit einem Kunststoffbinder versetzt ist. In kleinen Portionen rühren Sie diesen Spachtel sehr flüssig in einem Gummibecher an. Dann nehmen Sie sich mit Geduld kleine Flächen Ihres Bildes vor und verschließen die entstandenen, dicken Risse, waschen allerdings mit Wasser und einem Schwamm den Überschuss direkt wieder ab. Das ist wichtig! Mit dem Farbauftrag können Sie später erkennen, dass der Freskokalk-Mörtel Ihre Farbe strahlen und der „gute" Spachtel aus dem Baubereich Ihre Farbe stumpfer wirken lässt. Durch das Zukitten der Risse wird Ihre Untergrundstruktur gut gesichert. Nach kurzer Zeit ist dieser Bauspachtel aufgetrocknet, weshalb Sie auch stets nur kleine Flächen bearbeiten sollten. Ihr Bild kann nun Farbe erhalten.

Beginn der Farbaufträge:
In dieser Technik arbeiten Sie mit kalkverträglichen Pigmenten und entsprechenden Bindern weiter, die seit alters her zur Kalktechnik passen. Die klassischen Binder sind hier Eitemperaemulsion und Kaseinleim.

In dem Kapitel Praktische Einladung in das Experimentierfeld (Siehe „Aufladung – Entladung", S. 100-150) werde ich schrittweise auf diese Arbeitsgänge eingehen und Ihnen zeigen, dass ich zwischen den Farbaufträgen weitere dünne Schichten reinen Sumpfkalkes aufsetze.

Tipp: Sie sollten bei dieser Technik zunächst kleine Bildformate auswählen. Die Größe von 60 x 60 cm ist in diesem Zusammenhang schon eine Größe, die arbeitstechnisch wie auch gewichtmäßig noch gerade zu bewältigen ist.

Fehlerquellen: Unsere Malgewohnheiten sind mittlerweile bei den meisten Malenden auf Schnelligkeit und zügige Ergebnisse ausgerichtet. Das ist nicht nur eine Frage unserer gesellschaftlichen Zeit, sondern auch der modernen Materialien, die es auf dem Markt gibt. Acrylfarbe erfreut sich einer enormen Beliebtheit. Und auch die Marmormehl-Spachtelmasse können Sie dazuzählen: In einem Arbeitstag von 6 Stunden erreichen Sie schon ansehnliche Ergebnisse – inklusive Farbauftrag. Diese Schnelligkeit täuscht darüber hinweg, dass auch diese Techniken durch feine und geschichtete Aufträge mit Trocknungszeiten in den Arbeiten häufig erst die Tiefe und Lebendigkeit entfalten, die Menschen die Seele schwingen lässt.

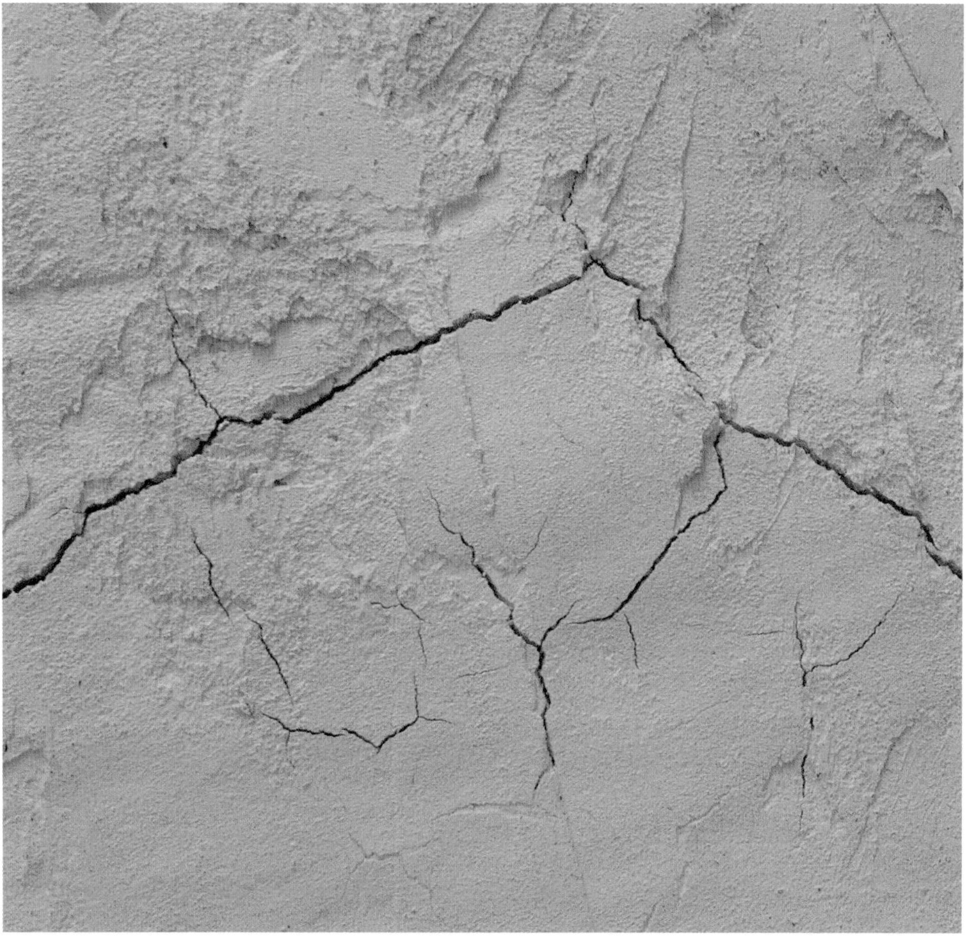

Ausschnitt aus einer getrockneten Fresko-Sumpfkalkmörtel-Spachtelmasse – die Struktur erhält starke Risse, da die Mörtelabfolge so verändert wurde, dass der Kalk zwar nicht vom Untergrund fällt, aber „Alterungsrisse“ erfährt.

Bibliografische Angaben

Kurt Wehlte:
Werkstoffe und Techniken der Malerei,
Ravensburger Buchverlag, 4. Auflage 1981.

Joachim Büchner:
Emil Schumacher, in: Romain-/Bluemler (Hg.):
Künstler, Edition der Verlage Weltkunst und
Bruckmann, München 1988, S. 2-15.

Die boesner-Niederlassungen für den Direkteinkauf

AUGSBURG
86153 Augsburg
Proviantbachstr. 30
Tel. 0821/567593-0

BAD REICHENHALL
83435 Bad Reichenhall
Alte Saline 14
Tel. 08651/96593-0

BERLIN
12277 Berlin-Marienfelde
Nunsdorfer Ring 31
Tel. 030/756567-0

BERLIN- CHARLOTTENBURG
10587 Berlin
Franklinstr. 12 / Hof II
Tel. 030/9606069-0

BERLIN-PRENZLAUER BERG
Marienburger Straße 16
10405 Berlin
Tel. 030/4050426-0

BREMEN
28307 Bremen
Hans-Bredow-Str. 59
Tel. 0421/52260-0

DRESDEN
01237 Dresden
Breitscheidstr. 78
Tel. 0351/21079-0

DÜSSELDORF
40549 Düsseldorf
Wiesenstr. 72
Tel. 0211/563845-0

FREIBURG
79111 Freiburg
Jechtinger Str. 5
Tel. 0761/47975-0

FORSTINNING
85661 Forstinning
Römerstr. 5
Tel. 08121/9304-0

FRANKFURT
60433 Frankfurt/Main
August-Schanz-Str.12
Tel. 069/954340-0

GLINDE
21509 Glinde
Biedenkamp 15
Tel. 040/710054-0

HAMBURG
22525 Hamburg
Schnackenburgallee 112
Tel. 040/530038-0

HANNOVER
30453 Hannover
Bornumer Str. 146
Tel. 0511/908806-30

KARLSRUHE
76185 Karlsruhe
Bannwaldallee 48
Tel. 0721/12084-0

KÖLN
50829 Köln
Girlitzweg 30
Tel. 0221/949777-0

LEINFELDEN-ECHTERDINGEN
70771 Leinfelden-
Echterdingen
Sielminger Str. 82
Tel. 0711/79740-50

LEIPZIG
04179 Leipzig
Spinnereistr. 7
Tel. 0341/87069-0

MÜNSTER
48163 Münster
Borkstr. 2
Tel. 0251/289092-0

MUTTERSTADT
67112 Mutterstadt
An der Fohlenweide 3
Tel. 06234/92710-0

NEU-ULM
89231 Neu-Ulm
Im Starkfeld 1
Tel. 0731/72907-0

NÜRNBERG
90475 Nürnberg
Sprottauer Str. 37
Tel. 0911/98862-0

OLDENBURG
26121 Oldenburg
Heiligengeiststr. 1a
Ecke Stadtmuseum
Tel. 0441/2197969

OSNABRÜCK
49082 Osnabrück
Im Nahner Feld 1
Tel. 0541/760999-50

PERL
66706 Perl-Besch
Nenniger Str. 10
Tel. 06867/9110-0

TRIER
54292 Trier
Castellfortestr. 10
Tel. 0651/1460761

WITTEN
58456 Witten-Herbede
Gewerkenstr. 2
Tel. 02302/9780-0

SCHWEIZ

UNTERENTFELDEN
CH-5035 Unterentfelden
Suhrenmattstr. 31
Tel. 0041/62/7372121

MÜNCHWILEN
CH-9542 Münchwilen
Murgtalstr. 20
Tel. 0041/71/9694300

AARBERG
Chräjeninsel 21
CH-3270 Aarberg
Tel. 0041/32/3916600

FRANKREICH

BORDEAUX
F-33300 Bordeaux
170, cours du Médoc
Tel. 0033/557/199419

PARIS 1
F-94500 Champigny sur Marne
40 Avenue de Général de Gaulle.
Tel. 0033/155/971770

PARIS 2
F-75011 Paris
46 Rue du Chemin Vert
Tel. 0033/143/578152

ÖSTERREICH

GRAZ
A-8020 Graz
Alte Poststraße 171
Tel. 0043/316/585761

WIEN
A-1110 Wien
Unter der Kirche 4
Tel. 0043/1/7697376

Für alle, die tiefer in die Welt der Spachtelmassen einsteigen möchten, ist die Lektüre des 156-seitigen Originalbandes zu empfehlen:

Aufladung – Entladung

In diesem Standardwerk schildert Gabriele Musebrink all ihre Erfahrungen mit Spachtelmassen, die sie im Laufe von 20 Jahren künstlerischer Arbeit und Lehrtätigkeit gesammelt hat.

Es handelt sich jedoch nicht nur um eine Sammlung von historischen Abrissen, Fachinformationen, Anleitungen und Tipps aus der Praxis – es ist auch ein Buch über die Kreativität und Schöpfungskraft an sich, sowie über die Lebens- und Kunstphilosophie der Autorin.

156 S., zahlr. farb. Abb., 21 x 24,5 cm, dt., geb.,
Neuaufl. ars momentum Kunstverlag 2010
ISBN: 978-3-938193-58-7 EUR 24,90 inkl. MwSt.